POR QUÉ

SER PUNTUAL

GRACE HOUSER

TRADUCIDO POR ESTHER SARFATTI

PowerKiDS press™

New York

Published in 2019 by The Rosen Publishing Group, Inc.
29 East 21st Street, New York, NY 10010

First Edition

Translator: Esther Sarfatti
Editorial Director, Spanish: Nathalie Beullens-Maoui
Editor, Spanish: Natzi Vilchis
Editor, English: Jennifer Lombardo
Book Design: Tanya Dellaccio

Photo Credits: Cover Jesse Davis/Shutterstock.com; p. 5 Monkey Business Images/Shutterstock.com; p. 7 Luis Molinero/Shutterstock.com; p. 9 Anna Grigorjeva/Shutterstock.com; p. 11 martinedoucet/E+/Getty Images; p. 13 Andrey_Popov/Shutterstock.com; p. 15 XiXinXing/Shutterstock.com; p. 17 Hero Images/Getty Images; p. 19 tongcom photographer/Shutterstock.com; p. 21 RichLegg/E+/Getty Images; p. 22 razorbeam/Shutterstock.com.

Cataloging-in-Publication Data

Names: Houser, Grace.
Title: Por qué ser puntual / Grace Houser.
Description: New York : PowerKids Press, 2019. | Series: Por el bien común | Includes index.
Identifiers: LCCN ISBN 9781538335345 (pbk.) | ISBN 9781538335338 (library bound) | ISBN 9781538335352 (6 pack)
Subjects: LCSH: Time perception–Juvenile literature. | Self-management (Psychology)–Juvenile literature. | Children–Time management–Juvenile literature.
Classification: LCC BF468.H68 2019 | DDC 395.1'22–dc23

Manufactured in the United States of America

CPSIA Compliance Information: Batch CS18PK: For Further Information contact Rosen Publishing, New York, New York at 1-800-237-9932

CONTENIDO

El bien común

Una comunidad es un grupo de personas que viven o trabajan en el mismo lugar. A menudo, la gente de una comunidad tiene intereses y valores similares. Esto significa que les importan las mismas cosas. La gente puede pertenecer a muchas comunidades diferentes. Tu familia es una comunidad. Tu salón de clases y tu escuela también son comunidades.

Cuando alguien hace algo que **beneficia** a toda la comunidad, esa persona está trabajando por el bien común. Así, todos están contentos y la comunidad funciona mejor. Una forma de contribuir, o dar algo, al bien común es ser **puntual**. Cuando una persona es puntual, demuestra que se preocupa por los otros integrantes de su comunidad.

Despiértate a tiempo

Piensa en qué pasaría si no te levantaras al sonar tu despertador por la mañana. Es probable que tu mamá o tu papá se enojen y te digan que te apures. No es la forma ideal de comenzar el día. Todos en casa andan con prisa para estar listos y puede ser muy **estresante**.

Tal vez sea agradable dormir hasta tarde, pero eso puede causarte muchos problemas. Si tus padres te llevan a la escuela en auto, podrían llegar tarde al trabajo. Si vas en autobús, tal vez el conductor tenga que esperarte. En ese caso, los demás alumnos también llegarán tarde. Y, lo que es peor, el autobús se podría ir sin ti. Por eso, despertarse a tiempo es bueno para ti.

Tener citas

En una comunidad, los adultos tienen citas continuamente. Una cita es una hora que las personas fijan para hacer algo juntas. Hay gente que tiene muchas citas en un mismo día. Por tanto, es difícil que cambien su **horario**. Para cumplir con los horarios, es importante que todos lleguen a tiempo.

Llegar a la hora fijada demuestra tu respeto por las personas con las que tienes una cita. Cuando llegas tarde, parece que no te importa la otra persona ni su tiempo. Por ejemplo, tu doctor tiene muchos **pacientes** que atender. Si llegas tarde a tu cita, retrasas al doctor, lo que hace que todos se retrasen. Cuando eso pasa, es difícil que una comunidad funcione bien.

Ser puntual

Llegar tarde no es bueno, pero tampoco lo es llegar demasiado temprano. Si llegas a una fiesta una hora antes de que empiece, podrías molestar a las personas que la están preparando. Cuando tengas una cita o un evento importante, debes llegar puntual o solo unos minutos antes de la hora. Así todos estarán contentos y todo irá según lo previsto.

17

Ser puntual no se refiere solo a las personas. Por ejemplo, en una comunidad, hay gente que pide libros y películas prestados de la biblioteca local. De esta forma no tienen que gastar dinero en algo que tal vez usen solo una o dos veces. Sin embargo, es importante devolver estos artículos a tiempo porque puede haber otras personas esperando su turno para usarlos. Esto demuestra que te preocupas por tu comunidad.

Por el bien de todos

A veces no puedes evitar llegar tarde. Pueden ocurrir cosas sobre las que no tienes control, como una llanta pinchada. Si crees que llegarás tarde a una cita, avisa a la persona con la que te vas a reunir. Esto demuestra respeto y permite a la otra persona **ajustar** su horario. Si hay otras personas esperando, tal vez puedan ser atendidas antes de que tú llegues.

Cuando llegas puntual, estás trabajando por el bien común. Eso demuestra que la gente puede confiar en ti y que te importan los demás. También causa buena **impresión** y ofrece un buen ejemplo para otras personas. Si llegas puntual, nunca tendrás que dar **excusas** por llegar demasiado tarde o demasiado temprano, y no echarás a perder los planes de los demás.

GLOSARIO

ajustar: cambiar algo para que se adapte a otra situación.

beneficiar: hacer algo bueno para alguien o algo.

estresante: que causa fuertes emociones de preocupación.

excusa: razón que alguien da para explicar algo que hizo mal.

horario: lista de horas en las que tendrán lugar ciertos eventos.

impresión: efecto que alguien o algo tiene sobre los pensamientos o emociones de la gente.

paciente: persona que recibe cuidados médicos.

puntual: que empieza o llega a su hora.

ÍNDICE

SITIOS DE INTERNET

Debido a la naturaleza cambiante de los enlaces de internet, PowerKids Press ha elaborado una lista de sitios web relacionados con el tema de este libro. Este sitio se actualiza de forma regular. Por favor, utiliza este enlace para acceder a la lista:
www.powerkidslinks.com/comg/time